十二生肖

鼠

萧　尘　编著

大象出版社

子　丑　寅　卯　辰　巳　午　未　申　酉　戌

丑　寅　卯　辰　巳　午　未　申　酉　戌　亥

目录

生肖属鼠

　　远古时候，人们曾用天干和地支相配合的方法纪年，这就是"干支纪年法"，但是民间很难掌握，因而难以推广。于是，有人给黄帝提议以十二生肖纪年。黄帝认为这个办法不错，便命仓颉负责这件事。仓颉就向天下动物发布诏令，说来年正月初一将在黄帝宫殿前竞选十二生肖。动物们知道消息后，争先恐后地前去赴会。牛怕自己行动迟缓误事，在大年三十晚上就启程了，结果第一个到会，虎、兔、龙、蛇、马、羊、猴、鸡、狗、猪、鼠等也随后赶到。于是，大年初一的黄帝宫殿前，各种动物施展绝活，竞争生肖榜席位，精彩的技艺让黄帝一时难以取舍，颇感为难。后来，黄帝想出一个好办法，就是依到会的先后顺序来确定入榜动物名单。这样，牛、虎、兔、龙、蛇、马、羊、猴、鸡、狗、猪、鼠就从众多的动物中脱颖而出，在十二生肖榜各占一席。老鼠排在第十二位，它体形虽小，但野心很大，想取代牛而排第一位。它对黄帝说："您说，我和牛，谁大？"黄帝说："当然是牛大！

牛那么庞大，你太瘦小了。"老鼠想了想说："我跟您打个赌，要是有人说我大，您就把我排第一位，怎么样？"黄帝心想：牛的身材高大，肯定比老鼠大，应该不会有问题。于是，他就让牛和老鼠到街上走走，看人们是怎样来判定的。人们看到牛，都非常友好，有人摸摸牛头，有人拍拍牛背，可是没人说牛大。突然，老鼠蹿上牛背，把大家都吓了一大跳。立刻就听见有人大叫："哎呀！哪儿蹦出这么大的老鼠啊！"就这样，老鼠胜了这场赌局，黄帝不好意思违约，就把老鼠排在生肖榜的第一位，牛只好屈居第二的位置了。

其实，民间还流传有很多关于老鼠坐生肖榜首位的故事，有从正面讲鼠对人的帮助和贡献，也有从反面讲鼠的偷懒和投机取巧，但"鼠咬天开"的神话传说却为很多人所接受。传说中，天地最初只是一片混沌，是鼠"咬"开了这个混沌，才有了天和地的划分，世界才有了清晰的样子。此外，鼠还给这个世界"偷"来了太阳、月亮、火种和稻谷等，帮助生活在这个世界的人们过上幸福的生活。人们非常感激鼠的功劳，因为，没有"鼠咬天开"就没有一切，即便再想努力也没有开始的基础，因此，鼠坐生肖头一位的理由就非常充分。这个神话故事被很多人所接受，说明鼠和人们生活的关系是非常密切的。大量以鼠为创作主题的民间剪纸作品就体现了崇拜鼠的习俗和信仰。

属鼠的人善交际，人缘好，善解人意，受人欢迎。个性活跃，充满机智和幽默也是属鼠人被大家喜欢的特点。此外，鼠年生人性格当中乐天和充满幻想力的成分更多一些，而他们往往又是精力充沛的类型，因此，有属鼠的朋友会让你的生活充满阳光和惊喜。工作中的属鼠人是一丝不苟，态度极为认真的，这又和他冷静的思维和精密的分析等特点联系在一起。不过，工作以外的生活，一样是属鼠人的舞台，他们在社交中会遇到和结识很多朋友，他们对朋友的关心非常细腻，这是鼠年生人重视感情、有家庭责任感的表现。

鼠年出生的人就像他的属相一样，具备随机应变的能力，遇到困难能够积极想办法去克服，临危不惧，直到最终达到目的是属鼠人的另一个优点。困难面前不同的人反应肯定是不一样的，但属鼠的人更能通过克服困难来锻炼自己，积累智慧，并且在处理危机的时候表现得更加出众，因为他对制订自己的计划总是乐此不疲，未雨绸缪总会让属鼠的人遇事游刃有余。

　　属鼠的人记忆力很好，非常爱提问题，独具慧眼，几乎了解周围的每一个人、每一件事，把它记录下来，并把这些当做是属鼠人的嗜好。因此，属鼠的人成为优秀的作家并不令人吃惊。

世纪鼠年年表

中国农历庚子年　　公元 1900 年 1 月 31 日～1901 年 2 月 18 日

中国农历壬子年　　公元 1912 年 2 月 18 日～1913 年 2 月 5 日

中国农历甲子年　　公元 1924 年 2 月 5 日～1925 年 1 月 23 日

中国农历丙子年　　公元 1936 年 1 月 24 日～1937 年 2 月 10 日

中国农历戊子年　　公元 1948 年 2 月 10 日～1949 年 1 月 28 日

中国农历庚子年　　公元 1960 年 1 月 28 日～1961 年 2 月 14 日

中国农历壬子年　　公元 1972 年 2 月 15 日～1973 年 2 月 2 日

中国农历甲子年　　公元 1984 年 2 月 2 日～1985 年 2 月 19 日

中国农历丙子年　　公元 1996 年 2 月 19 日～1997 年 2 月 6 日

中国农历戊子年　　公元 2008 年 2 月 7 日～2009 年 1 月 25 日

中国农历庚子年　　公元 2020 年 1 月 25 日～2021 年 2 月 11 日

中国农历壬子年　　公元 2032 年 2 月 11 日～2033 年 1 月 30 日

中国农历甲子年　　公元 2044 年 1 月 30 日～2045 年 2 月 16 日

中国农历丙子年　　公元 2056 年 2 月 15 日～2057 年 2 月 3 日

中国农历戊子年　　公元 2068 年 2 月 3 日～2069 年 1 月 22 日

中国农历庚子年　　公元 2080 年 1 月 22 日～2081 年 2 月 8 日

中国农历壬子年　　公元 2092 年 2 月 7 日～2093 年 1 月 26 日

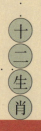
鼠年大事

1996-1 丙子年（T）
发行　1996.1.5
内容　万家灯火　光明前景
　　　鼠咬天开　普天同庆

1012年(壬子年) 长沙太守刘师道扩建岳麓书院

　　岳麓书院位于湖南长沙市岳麓山东侧，紧邻湘江，始建于宋太祖开宝九年（976），宋高宗绍兴元年（1131）重建，有一千多年的办学历史。书院曾五次获得皇帝的赐额或箴文，还多次得朝廷赐给经书，"岳麓书院"四字乃宋真宗御赐。著名理学家朱熹曾长期在此讲学，为中国古代影响很大的教育学术中心。

岳麓书院

周敦颐像

讲学，收徒育人，自号"濂溪先生"。他在书院内筑有爱莲堂，堂前凿有"莲池"，以莲之高洁，寄托心志。《爱莲说》中的名句脍炙人口，乃千古绝唱。

周敦颐生平

1072 年(壬子年) 周敦颐创办濂溪书院

宋代理学宗祖周敦颐，字茂叔，道州营道县（今湖南道县)人。他博学力行，遇事果断，为官多年，清正廉洁，受到百姓的爱戴和颂扬。1072年辞官后，他在江西庐山莲花洞创办了濂溪书院，设堂

鼠年大事

1132 年(壬子年) 耶律大石建立西辽

　　西辽(1132～1218)亦称黑契
丹或哈喇契丹，由辽朝贵族耶律
大石在金灭辽后，于西北召集残
部建立。耶律大石因与辽天祚帝
政见不同，在辽灭亡前夕带领一
些部队西迁。1132年耶律大石在
叶密立(今新疆额敏县)称帝，称
"菊儿汗"，正式建立西辽，1143
年耶律大石去世，政权一度动
荡。1211年蒙古乃蛮部首领屈出
律夺取西辽政权。1218年成吉思
汗大军灭西辽。

1192 年(壬子年) 卢沟桥建成

　　卢沟桥亦作芦沟桥，因跨越
卢沟河（今永定河）而得名，《马
可·波罗游记》对其有详细记述，
因此又名马可·波罗桥。卢沟桥
始建于金大定二十九年（1189），
明正统九年（1444）重修，桥全
长 266.5 米，宽 7.5 米，有 一个
涵孔，两侧护栏各有140条望柱，
柱头上共雕形态各异的石狮 51
个。 1937年7月7日日军进攻宛
平城，爆发卢沟桥事变，成为

卢沟桥

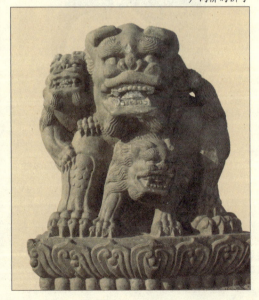

卢沟桥的狮子

我国全面抗战的起点。"卢沟晓月"
乃燕京八景之一。

1264年(甲子年) 宋度宗继位

宋度宗赵禥（1240～1274），宋
理宗弟嗣荣王赵与芮之子，宋理宗
的侄儿。原名赵孟启，1251年赐名
孜，1253年立为皇子，赐名禥，南
宋第六位皇帝。宋度宗昏庸无能。
他即位时，元朝军队大举南下攻
宋，国难当头，他却将军政大权交
给奸臣贾似道，因此国家政治腐
败，人民生活艰难，他却依旧奢侈
荒淫、沉湎酒色，后因酗酒而死。

宋度宗像

1372年(壬子年) 明朝建嘉峪关

嘉峪关位于今甘肃省嘉峪关市
西南六公里处，是明长城西端的第
一重关，也是古代"丝绸之路"的
交通要冲。始建于明洪武五年
（1372）。明弘治八年（1495），嘉
峪关关楼建成。正德元年（1506），
内城光化楼和柔远楼建成。嘉靖十
八年（1539），在关城上增修敌楼、
角楼等，并在关南关北修筑两翼长
城和烽火台等。嘉峪关地势险要，

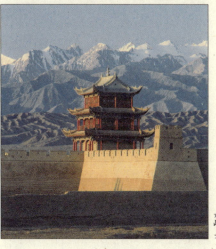

嘉峪关

鼠年大事

巍峨壮观，被誉为"天下第一雄关"。

1408年(戊子年) 中国最早最大的百科全书《永乐大典》编纂完成

明太祖洪武二十一年(1388)，欲修纂类书，未成。明成祖即位后，令解缙等人编书，首次成书于永乐二年(1404)，名《文献集成》。明成祖认为"所纂尚多未备"，1405年重修，1407年定稿，1408年冬正式成书，明成祖为之作序，并定名《永乐大典》。《永乐大典》共11095册，约37亿字，收录明代以前图书文献近8000种。

《永乐大典》书影

1420年(庚子年) 故宫博物院建成

故宫博物院原为明清皇宫，始建于明成祖永乐四年(1406)，永乐十八年(1420)建成，占地72万平方米。故宫博物院的藏品主要以明、清两代皇宫及其收藏为基础。1933年，故宫博物院文物南迁以避战火。1948年，2972箱南迁文物精品运抵台湾。1987

故宫博物院

明成祖像

皇太极像

年被列入联合国教科文组织《世界文化遗产名录》。

1636年(丙子年) 皇太极改国号为清，正式建立清朝

爱新觉罗·皇太极，亦作皇太子、黄台吉，军事家、政治家，满族，太祖努尔哈赤第八子，尊称后金天聪帝爱新觉罗·皇太极。1636年，皇太极控制漠南蒙古后，改国号为"大清"，改元崇德，是大清帝国的实际建立者和开国皇帝。他诱使明思宗凌迟处死袁崇焕，为清灭明统一天下打下了基础。

1672年(壬子年) 四川成都武侯祠重建

武侯祠由成汉李雄(303年~334年在位)所建，为纪念蜀汉丞相诸葛亮，因诸葛亮谥号"忠武侯"，所以被称为武侯祠，是中国历史上最悠久、影响最大的三国遗迹，清康熙十一年（1672）重建。武侯祠分昭烈庙（昭烈殿、刘备殿）、武侯祠（忠武殿、诸葛亮殿）前后两处，是君臣合祀、祠堂

与陵园合一的格局。东西偏殿有关羽、张飞雕像。东西两廊塑文武官雕像 28 座。

1768 年(戊子年) 《大不列颠百科全书》第一版出版

《大英百科全书》，又称《大不列颠百科全书》，1768年首次出版，历经两百多年修订和再版，现已有电子版和在线版本，被誉为当今世界上最权威的百科全书，与《美国百科全书》、《科里尔百科全书》并称世界三大百科全书。1980 年代起，不列颠百科全书出版社与中国大百科全书出版社合作出版了不列颠百科全书的简体中文版。1994 年《大英百科全书》（网络版）正式发布。

1792 年(壬子年) 纽约股票交易所成立

纽约证券交易所是世界第二大证券交易所，总部位于美国纽约市百老汇大街 18 号。它设有八个交易站，经营全国 1900 家公司的 1500 种股票和 1200 种国内外债

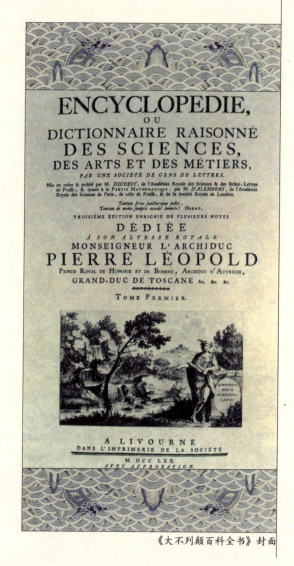

《大不列颠百科全书》封面

券。1792 年 5 月 17 日，当时 24 个证券经纪人在华尔街 68 号外一棵梧桐树下签署了《梧桐树协议》。1817 年 3 月 8 日这个组织起草了一项章程，改名为"纽约证券交易委员会"，1863 年改为纽约证券交易所。

1804 年(甲子年) 德国哲学家康德逝世

伊曼努尔·康德（1724～1804），德国哲学家、天文学家、星云说的创立者之一、德国古典唯心主义创始人，曾在哥尼斯贝格大学讲授数学、物理学、逻辑学、道德哲学、形而上学、火器和自然地理等。他的《纯粹理性批判》、《实践理性批判》和《判断力批判》等独创性著作给哲学思想带来了一场革命。德国著名哲学家卡尔·雅斯贝斯称康德与柏拉图和奥古斯汀为三大"永不休止的哲学奠基人"。

1840 年(庚子年) 中英鸦片战争爆发

清朝末年，英国对华贸易一直处于入超地位，英商为扭转贸易逆差的状况，开始对华大量输入鸦片。鸦片贸易不仅造成清王朝白银大量

清人吸食鸦片的情形

烟土

鼠年大事

外流，还损害国民身体健康。钦差大臣林则徐受道光帝命令赴广东禁烟。1839年林则徐在广东虎门海滩将收缴的两万多箱鸦片全部销毁，英国政府即以此为借口向清政府宣战。

1864年(甲子年) 《中俄勘分西北界约记》签署

《中俄勘分西北界约记》是清王朝与俄罗斯帝国之间签署的一项不平等条约。1864年10月，俄国以武力迫使清政府签署。条约规定清政府将新疆地区巴尔喀什湖以东大约44万平方公里土地割让给俄国，今全境已归哈萨克所有。

1900年(庚子年) 莫高窟藏经洞被发现

1900年，莫高窟居住的道士王圆箓在清除第1窟（现编号）淤沙时，偶然发现了第17窟（现编号），内藏五万多件珍贵文物，是十六国至北宋的历代文书和纸张、绢画、刺绣等，这就是著名的"藏经洞"。藏经洞出土的文书以佛

敦煌莫高窟远景

经为主，此外，还有道经、儒家经典、小说、诗赋、史籍、地籍、帐堰、历本、契据、信札、状牒等，是研究中国和中亚地区历史的重要史料，由此形成一门以研究藏经刊文书和敦煌石窟艺术为主的敦煌学。

1912 年(壬子年) 孙中山在南京就任中华民国临时大总统

孙中山先后创立兴中会与同盟会，号召推翻满清帝制。他的革命思想与主张逐渐得到认同，华兴会、爱国学社、青年会合组同盟会，于1911年10月10日在武昌发动辛亥革命成功，数月内引起全国各地的响应。12月29日，清朝原有22个省中已有17省宣告独立，并派出代表，推选刚刚返国的孙中山为中华民国临时大总统。1912年1月1日，孙中山宣誓就职，中华民国正式成立。

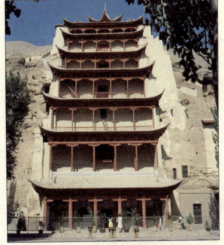

敦煌莫高窟

孙中山像

鼠年大事

1936年（丙子年）西安事变发生

东北军张学良和时任国民革命军十七路军总指挥的杨虎城于1936年12月12日，在西安进行了"兵谏"，扣留了时任国民政府军事委员会委员长和西北"剿匪"总司令的蒋介石，为的是"停止剿共、改组政府、出兵抗日"。西安事变最终以蒋介石被迫接受抗日主张，实现第二次国共合作而和平解决。

1948年（戊子年）世界卫生组织成立

世界卫生组织简称世卫组织，英文缩写WHO，是联合国的一个机构，也是国际上最大的政府间卫生组织，总部设在瑞士日内瓦，成立于1948年4月7日，现有192个成员国，是世界公共卫生协作的权威机构。

1948年（戊子年）中国人民银行成立

中国人民银行在计划经济时代，是中华人民共和国唯一

杨虎城像

世界卫生组织标志

的银行，履行中央银行和商业银行的双重职能。1984年商业银行的职能分离，中国人民银行成为专职的中央银行。现在，中国人民银行根据《中华人民共和国中国人民银行法》的规定，在国务院领导下开展业务，依法独立执行国家的货币政策。

1972年(壬子年) 陈毅逝世

陈毅（1901～1972），字仲弘，四川乐至人。无产阶级革命家、军事家、政治家，中国人民解放军创始人和领导人之一，1955年授元帅军衔和一级八一勋章、一级独立自由勋章、一级解放勋章。1954年任国务院副总理，1958年兼任外交部部长。

中国人民银行

1984年(甲子年) 中英有关香港未来的联合声明发表

1984年12月19日，《中华人民共和国政府和大不列颠及北爱尔兰联合王国政府关于香港问题的联合声明》（简称《中

松鹤图

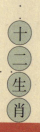

英联合声明》）在北京签订。《中英联合声明》指出，英国政府将于1997年7月1日把香港地区（包括香港岛、九龙及新界）的主权交还中国政府。

1996年(丙子年) 电影表演艺术家白杨逝世

白杨，女，原名杨成芳，1910年生于北京，祖籍湖南湘阴（今属汨罗），著名电影表演艺术家。1936年，白杨与赵丹主演《十字街头》，一举成名。1946年，她参与拍摄《一江春水向东流》，塑造了具有东方女性独特性格的形象，使该片成为中国艺术的珍品。

1996年(丙子年) 剧作家、戏剧教育家曹禺逝世

曹禺，原名万家宝，字小石，祖籍湖北潜江，1910年生于天津，曾就读于南开大学政治系、清华大学外文系和清华研究院。21岁开始其代表作剧本《雷雨》的创作，其他的优秀作品还有《原野》、《日出》，以及戏剧《北京人》等。新

香港全景

曹禺像

中国成立后曹禺曾担任中央戏剧学院院长和北京人民艺术剧院院长等职。

1996年(丙子年) 第26届夏季奥林匹克运动会开幕

1996年7月19日至8月4日在美国亚特兰大举行第26届夏季奥林匹克运动会。1990年，亚特兰大在国际奥委会投票中击败雅典、贝尔格莱德、曼彻斯特、墨尔本和多伦多而成为第26届奥运会主办城市。这次奥运会有197个参赛国，其中97个国家取得至少一枚奖牌，为历史之最。

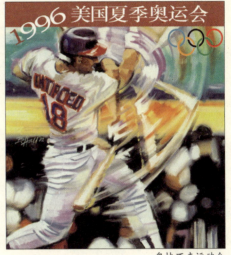

奥林匹克运动会

1996年(丙子年) 董建华当选首任香港特别行政区行政长官

董建华，祖籍浙江舟山，曾任香港特别行政区第一任（1997年7月1日～2002年）及第二任（2002年～2005年，于2005年3月12日离职）特别行政区行政长官。1996年，董建华击败杨铁梁、吴光正及李福善，当选香港特别行政区首届行政长官，同年接受中华人民共和国中央人民政府的委任。

水仙花

属鼠名人

新年快乐 （鼠年）
发行　1996.2.8
内容　剪纸鼠和草书"鼠年"

　　鼠作为十二生肖的一种，虽然没有其他动物受欢迎程度深，但这并不影响属鼠人在事业上创造成就，看看他们的故事，也许会让我们改变一些固有的看法。

魏　征(580~643)

　　唐初著名政治家，字玄成，河北巨鹿人，历史上著名的谏官直臣。魏征曾经为太子与李世民争夺皇位出谋划策。玄武门之变后，李世民继位，这就是唐太宗，因欣赏魏征才华，升其为谏议大夫，后至宰相。魏征敢于直谏，先后向太宗陈谏二百多条。

魏征像

杜　甫(712～770)

　　唐代大诗人。字子美，河南巩县（今巩义）人。杜甫身处唐由盛转衰的时代，作品多表现社会的黑暗，《兵车行》、《丽人行》和"三吏"、"三别"即反映了当时的社会状况，因此有"诗史"之誉。杜甫一生写诗三千多首，被人们称为"诗圣"，他的作品多收入《杜工部集》。

杜甫像

蔡　襄(1012～1067)

　　北宋政治家、书法家和茶学专家。字君谟，号莆阳居士，北宋兴化仙游人（今福建仙游）。蔡襄担任过谏官和史官，他在泉州知府任上，主持建造了跨海万安桥，极大方便了周边地区的交通往来。他的书法与苏轼、黄庭坚、米芾并称"宋四家"。他撰写的《茶录》是继唐代陆羽《茶经》之后又一部重要的茶学专著。

蔡襄像

属鼠名人

宋神宗(1048～1085)

名赵顼，又名仲针，北宋第六代皇帝，1067年～1085年在位，其任内王安石推行变法，以振兴北宋王朝，但变法损害了大地主利益而遭到反对，最终没有成功。神宗任内曾对西夏用兵，后在永乐城之战中失利，灭夏之举没有实现，壮志未酬，于元丰八年去世。

李清照(1084～约1156)

宋代著名女词人，号易安居士，齐州章丘（今山东章丘）人。李清照提出"词，别是一家"的认识，主张词的典雅和韵律性。她写词用字自然浅显、音节和谐、词意婉转，在文学词坛中独树一帜，使两宋以来婉约雅词的题材意境更加深化，将婉约派推向了新高峰。

李清照像

明成祖(1360～1424)

　　明代著名皇帝，名朱棣，明太祖朱元璋第四子。1370年朱棣受封燕王，1402年率军攻入京师，登上皇位。明成祖在位22年，在削藩、建都、治河、文化、外交及加强国防、巩固中央集权等方面，作出了卓越成就。

戚继光(1528～1587)

　　著名军事家、抗倭名将。字元敬，号南塘，晚号孟诸，山东蓬莱人，出身将门世家。戚继光出任浙江参将，全面负责抗倭事宜。他编练新军，军纪严谨，秋毫无犯，时人称之为"戚家军"。他率领"戚家军"转战闽浙，终于扑灭了倭寇。戚继光辞官后潜心研究兵法，著有《纪效新书》、《练兵实纪》等。

孔尚任(1648～1718)

　　明代戏曲家。字聘之，号东塘，自号云亭山人，山东曲阜人，孔子64代孙。1699年完成《桃花扇》的创作，演出后轰动一时，与《长生殿》作者洪升并称"南洪北孔"。

明成祖像

属鼠名人

张廷玉(1672～1755)

清康雍乾三朝老臣。字衡臣，号研斋，安徽桐城人，保和殿大学士兼吏部尚书、军机大臣，为官五十年。张廷玉在任期间对清代奏折制度和军机处运作规则的完善有所贡献，一生办事谨慎，雍正帝称其"器量纯全，抒诚供职"。张廷玉死后配享太庙，为有清一代汉大臣受此殊荣唯一一人。

楚逞嘉措(1816～1837)

第十世达赖喇嘛，四川理塘人。1822年，第七世班禅在布达拉宫主持"金瓶掣签"仪式，在找到的三个转世灵童中选出来自理塘的楚逞嘉措，为他更换僧衣，剪去头发，新取法名，几个月后为他举行了盛大的典礼，楚逞嘉措成为第十世达赖喇嘛。1837年楚逞嘉措于布达拉宫圆寂。

七世班禅像

030

任伯年·花鸟

夏洛蒂·勃朗特(Charlotte Brontë, 1816~1855)

英国女作家。出生于英格兰北部约克郡。她的作品大多写贫苦的小资产阶级的孤独、反抗和奋斗，小说《简·爱》叙述的就是一个在恶劣生存环境中奋斗的孤女的故事。这部小说代表了夏洛蒂·勃朗特作品的风格。

列夫·尼古拉耶维奇·托尔斯泰(1828~1910)

俄国作家，著有《战争与和平》、《安娜·卡列尼娜》和《复活》等经典长篇小说，世界最伟大的作家之一。

任伯年(1840~1896)

近代杰出画家。名颐，字伯年，号小楼，浙江萧山人，祖籍山阴（今浙江绍兴）。初承家学，后经任熊推荐师从任薰学画。任伯年擅长花鸟画，兼工人物，尤精肖像，线描遒劲，善于捕捉人物的感情神态。其画风于清末江南一带颇有影响，为上海画派重要创始人。

属鼠名人

李富春(1900~1975)

无产阶级革命家，湖南长沙人，参加过北伐战争。大革命时期曾任中共江西省委代理书记、黄埔军校武汉分校政治教官、江苏省宣传部长和代理省委书记等职。新中国成立后，历任政务院财政经济委员会副主任、国家计委副主任、重工业部部长和国务院副总理等职。

张闻天(1900~1976)

马克思主义理论家和革命家。别名洛甫，上海浦东人。曾赴苏联学习，回国后担任过很多重要领导职务，1930年任中共中央宣传部长，1933年任中华苏维埃共和国中央政府人民委员会主席，抗战胜利后曾任驻苏大使和外交部第一副部长。

王　力(1900~1986)

著名语言学家、教育家、散文家、诗人、翻译家。原名王祥瑛，字了一，广西博白人，曾在清华大学和巴黎大学攻读语言学

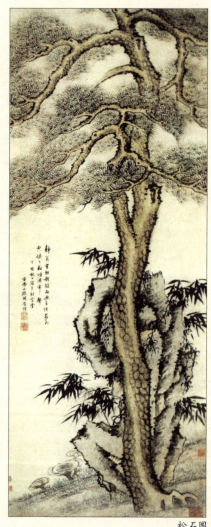

松石图

和实验语言学。王力先生一生从事汉语教学研究工作，写下了1000多万字的学术论著，是王国维、赵元任之后，与罗常培同时的著名汉语语言学家。

冰　心(1900～1999)

作家，原名谢婉莹，福建长乐人。《冰心小说散文集》、《我们把春天吵醒了》，以及译作泰戈尔的《园丁集》、《吉檀迦利》和纪伯伦的《先知》等是其代表作，曾在中国文联、中国作协担任过重要职务。

邓　拓(1912～1966)

作家，笔名马南邨，福建闽侯（今福州）人。著有《燕山夜话》、《三家村札记》等杂文集。曾任新华社晋察冀分社社长、人民日报社社长兼总编，主持过《毛泽东选集》的编印工作。

何其芳(1912～1977)

著名诗人，散文家，文学评论家。四川万县（今重庆万州）人，北京大学哲学系毕业，"汉园三诗

姚魏丰神扇面

谢冰心像

属鼠名人

人"之一，成名作为散文集《画梦录》。新中国成立后，主要从事文学批评、文学理论的教学研究工作，担任过中国社会科学院文学研究所所长等职。

胡乔木(1912~1994)

马克思主义理论家。原名胡鼎新，江苏盐城人。1935年毕业于浙江大学文理学院外国语文学系。曾任中国社会科学院院长、新华社社长、中共中央顾问委员会常委等职。

李景均(1912~2003)

遗传学家、生物统计学家，"人类遗传学的开拓者"，天津人。1936年赴美攻读遗传学和生物统计学博士学位，后任匹兹堡大学生物统计系教授、美国人类遗传学会主席，培养了许多在生命科学领域中发挥重要作用的杰出人才，被誉为"中国遗传学之父"。

林同炎(1912~2003)

著名桥梁设计师。原名林同棪，

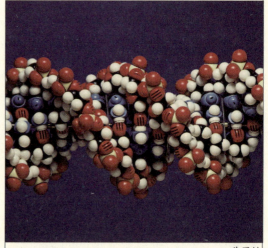

基因链

南浦大桥

福建福州人，1933年获美国加州大学伯克利分校土木研究所硕士学位。回国后曾任成渝铁路桥梁总工程师，1946年前往伯克利分校任教，1996年当选中国科学院外籍院士。他指导的知名工程有美国旧金山莫斯康地下会议中心、台湾关渡大桥、上海黄浦大桥等。

启　功(1912~2005)

著名书画家、文物鉴赏家和鉴定家，北京师范大学中文系教授。全名爱新觉罗·启功，字元白，满族，属正蓝旗，北京人。启功曾师从贾尔鲁、吴熙曾、戴绥之、陈垣等先生学习书画、古典文学及历史。他的诗、书、画被称为三绝，字体被称为"启功体"。

蔡万霖(1924~2004)

台湾知名企业家，台湾苗栗人，国泰人寿创办人之一，霖园集团创办人与首任董事长。蔡万霖创办于1979年的霖园集团为台湾第一大民营企业，拥有国泰人寿、国泰世华银行等公司。

李远哲(1936~)

化学家，诺贝尔奖获得者，台湾新竹人。1986年，他以分子水平化学反应动力学的研究与赫施巴赫及波兰奕共获诺贝尔化学奖，也是获此殊荣的第四位华人科学家及第一位台湾人。李远哲的贡献在于将交叉分子束方法应用于研究一般化学反应。

张德培(1972~)

美国著名华裔职业网球选手，生于美国新泽西州。张德培奔跑如飞，作风顽强，有"飞毛腿"之称，是有史以来最出色的亚洲网球选手。他在职业生涯中共夺得34个ATP巡回赛冠军，2003年退出职业网球界。

鼠年话鼠

农历贺年邮票（丙子鼠年）
发行　1996.1.31
内容　刺绣鼠吃瓜子　刺绣鼠　刺绣鼠吃花果　刺绣鼠与南瓜

　　民间有俗语"老鼠过街，人人喊打"，表明人们对老鼠一种普遍的憎恶。说到这里，人们往往就会想起室内或仓库地上、地下、房檐、屋顶等处上蹿下跳、贼头贼脑的家鼠，以及在田间打洞偷粮的田鼠。人们对鼠的痛恨也常会带到生活中来，比如"无名鼠辈"这样的词汇，就是人们出于对老鼠的痛恨而故意贬低它们的，但实际上，老鼠是一个很大的家族，它们的名气不比其他动物小多少！

鼠是哺乳纲啮齿目动物，在世界上有超过180种的鼠类。常见的如田鼠、褐家鼠、巢鼠、鼢鼠、沙鼠、跳鼠、鼹鼠、小家鼠、黑线姬鼠等。老鼠对气候和自然环境的适应能力很强。人们可以在世界各地发现老鼠的踪迹，城镇、乡村、荒漠、冰原、飞机、轮船，到处是老鼠的天堂。老鼠还是繁殖能力极强的动物种类之一。据动物学家估计，印度有近５０亿只老鼠，约占世界鼠类数量的三分之一。中国的老鼠数量也非常庞大。褐家鼠和小家鼠遍布全国各地，南方以缺齿鼹鼠、大绒鼠、板齿鼠和白腹巨鼠居多，北方则以田鼠、山鼠、麝鼹鼠为主。总

刺绣·老鼠

刺绣·老鼠

鼠年话鼠

之，地球上老鼠的数量大大超过人类，这也就是人类不能忽视老鼠存在的原因之一吧，要想和老鼠们和平共处还确实是一件大事呢。

老鼠对人类的危害主要有两种，一是它们需要经常磨牙，而把很多东西咬坏。这是因为老鼠没有犬齿，门齿与前臼齿或臼齿间有间隙，门齿发达而无齿根，因此终生都在不停地生长，需要经常借啮物来磨短它们，所以，老鼠几乎什么都吃，什么都咬，而且特别喜欢啃"硬骨头"。此外，老鼠主要以植物为主食，它们消耗的粮食比人还要多，而它们吃掉的粮食都是从人那里"不劳而获"得来的。

刺绣·过街老鼠

刺绣·老鼠磨牙

刺绣·地震

松鼠葡萄

不过，老鼠和人之间维持着微妙的生态平衡，在其他方面也给人们带来了不少帮助和欢乐。鼠是哺乳纲动物，在生理结构上和灵长类动物十分相似，科学家们进行科学实验就常以小白鼠为对象，很多科学发明就是以小白鼠的献身最后成功的，我们还真得感谢它们呢。

鼠作为动物的一种，比人有更高的对环境变化的敏感性。它的嗅觉十分灵敏，警惕性也很高，对地质灾害的感受和反应要比人快得多。地震、水灾、旱灾、蝗灾等灾害引起的动物反应往往就是一种预告，我们通过这些现象，就可以提前预知一些可能发生的危害，做到

鼠年话鼠

提前准备，加强对自身的防护。唐山大地震前夕，人们就曾惊异地发现大批老鼠向郊外奔窜，或者三五成群地蜷缩在马路、街道等相对空旷的地方，这其实就是对地震的反应。这也是老鼠对人类的有益之处。

老鼠不仅在上述方面对人类帮助很大，现在也走上文学作品和屏幕，成为大众明星，非常受人们，尤其是孩子们的欢迎。童话作家郑渊洁在他的名作《舒克贝塔历险记》里就十分生动地描述了两只小老鼠的故事。这两只小老鼠成了皮皮鲁和鲁西西两兄妹的好朋友，开着坦克、驾驶着飞机四处活动，经历了很多有意思的事情，让

猫和老鼠的童话

猫和老鼠的童话

人们感觉不到老鼠的破坏和危害，而是人们的朋友，极富人情味的小老鼠让大家仿佛回到了童年。

美国经典动画片《米老鼠和唐老鸭》、《猫和老鼠》也是非常优秀的影视作品。米老鼠的形象在人们的眼里，就是一个可爱的天使，种种搞笑的举动和故事，让人们感觉到老鼠与人的和谐关系。《猫和老鼠》的故事则将这一对天敌放在了一起，猫总想捉住老鼠，但老鼠总是比猫更胜一筹，多少个回合的较量总是以老鼠胜利而告终。那些丰富有趣的故事讽刺了猫的愚蠢、凸显了老鼠的聪明，同时也告诉了我们很多的人生道理，十分有益。

人鼠情结

鼠年
发行·1989.1.20
内容 澳门 鼠

　　人与自然共存，也就
必然要和众多动物和谐共
处，这样才能保持生态平
衡。十二生肖中的动物就
是与人类生活息息相关的
动物代表，人与它们共处，
不可避免会产生一种互相
都不能离开对方的情愫。

　　鼠对应的时辰是"子"
时，这和它的生活习性相
关，当人们进入梦乡的时

山东·面塑·小老鼠娶亲

候，老鼠却开始出来活动。有过农村生活经历的人们恐怕或多或少都会有一些夜里听到老鼠磨牙或偷吃东西的印象。因此，人们只要看到老鼠，第一个反应就是"打"。的确，"过街老鼠，人人喊打"，就是因为老鼠对人们的生活造成了危害，而人们又不能特别有效地对它们进行打击。在人们的印象中，老鼠的品行总是非常恶劣，偷偷摸摸、卑贱、狡猾、懦弱等词汇用来形容老鼠似乎并不过分。

不过，从鼠的其他特性来讲，人类又并不是彻底否定它。鼠有一大特点，就是生殖能力强，成活率高，这一点对人类自身的繁衍就产生了不小的影响。一只母鼠自然状态下一年可以生育5000个左右子女。

远古时代，不少氏族、部落就把老鼠当成自己的

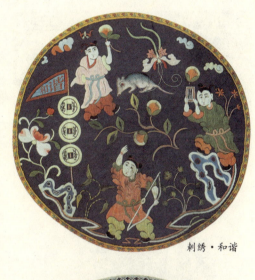

刺绣·和谐

刺绣·人鼠情

043

人鼠情结

木版画·无底洞

木版画·老鼠嫁女

始祖，并以老鼠后代而自豪。这是因为，古时人们适应自然的能力非常有限，只有群居才能保证人们的生存，人们对自身繁衍十分重视，于是与人们生活非常接近的多产动物就成了人们崇拜的对象，因此，鼠被看成是人的始祖也并不奇怪。蛇也是一种繁殖能力很强的动物，同样被不少氏族当作图腾信仰进行崇拜。

人们在长期的生活实践中和老鼠既斗争，又和谐共处，一些民间习俗也反映了这种认识。"老鼠嫁女"的题材在民间剪纸和年画中多有体现，其本质反映的就是希望老鼠能不对人们的生活进行破坏。历史上还曾有过老鼠嫁女节。一般在正月二十五晚上，家家户户都不点灯，摸黑吃一种叫"老鼠爪爪"的面食，大家都一声不吭，目的就是为了方便老鼠嫁女,不得罪老鼠,自然来年也就没有鼠患。

青海的一些地区还有"蒸瞎老鼠"的风俗。每年的农历正月十四,家家户户捏十二只没有眼睛的面老鼠,然后上笼蒸熟,等到元宵节时摆上供桌,并点灯烧香,祈求老鼠只吃草根,勿伤庄稼,以保证来年能够丰收。

朝鲜族也有类似的习俗。农历正月第一个子日,是"熏鼠火"民俗活动开始的日子。农家的孩子们在田埂上撒下稻草并点燃,为的是能烧除杂草和驱赶田鼠。这项民俗活动,既有利于灭鼠、灭虫,还可以把草木灰作肥料使用,一举两得。

人和鼠只有和谐共处才能共同生存,人与其他动物的关系亦然。

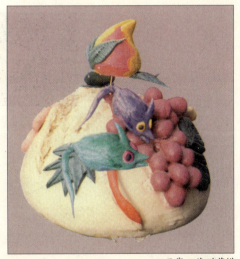

面塑·洛川花馍

刺绣·人鼠共生存

文字与鼠

中国农历十二生肖·第9届北京亚洲邮展
发行　1996.1.1
内容　剪纸鼠

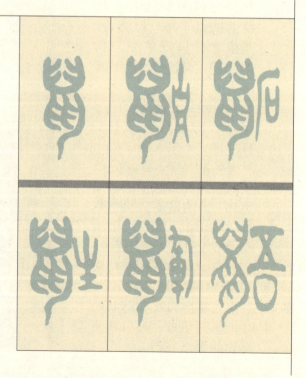

　　"鼠"是象形字，字的上部像锐利的鼠牙，下部像足、脊背、尾巴形。本义是指老鼠。鼠是哺乳动物的一科，门齿终生持续生长，常借啮物以磨短，繁殖能力强，种类很多，有的可以传播鼠疫等疾病，还有的为害农林草原，盗食粮食，破坏贮藏物、建筑物等。生活中有不少词语带有鼠字，在意义上或多或少与鼠的习性有关，如：鼠胆、鼠目寸光、投鼠忌器、鼠辈等，此外，以"鼠"为部首的字多描述不同的鼠种，如：

鼣：即旱獭。
鼷：鼠类最小的一种。
鼳：大田鼠。
鼶：鼬鼠的别名。
鼹：哺乳纲，食虫目，鼹科。营掘土生活，捕食昆虫、蚯蚓等动物。
鼬：鼬科部分种类的通称，四肢较短，耳小而圆，尾长不超过体长的一半。
鼯：也称大飞鼠，前后肢之间有宽而多毛的飞膜，可在树间滑翔。
鼪：即黄鼬，黄鼠狼。
鼵：鼠的一种，头似兔，尾有毛。
鼤：鼠名。
鼫：鼠类，通称灰鼠，皮可制裘。

瓜鼠

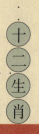
趣味谈鼠

农历十二生肖
发行　1996
内容　中文"鼠年"及卡通鼠

与鼠有关的成语

　　负鼠是一种身长４０～４５cm、形似老鼠、生长于美洲地区的鼠类。负鼠在遇到突如其来的袭击，无法逃生时，会装死以保全生命。负鼠也因此被冠以"骗子"的坏名声。其实，在紧急关头耍点儿小花招无可非议。

　　负鼠装死的伎俩之所以行之有效，是因为任何凶猛的猛兽，如狮、虎、狼等都不敢贸然接近刚死的猎物，何况负鼠装死又那么突然，意想不到间就能把猛兽吓住。这就是负鼠的拿手好戏——"心理"自卫对策的成功所在。恐惧感使猎食者食欲受到抑制，对到手的猎物暂时会失去兴趣，这就给负鼠提供了伺机逃生的机会。负鼠从装死状态突然性又撒腿逃跑的反常表现，能再次把猎食者

负鼠

唬住，它们也就不再去追捕到手的猎物了。

过去，有人认为负鼠装死并非骗术，是它们在大难临头时吓昏了。科学家们运用电生理学原理对负鼠进行活体脑测试，对负鼠身体在不同状况下记录在案的生物电流数据进行分析，认为，负鼠在装死状态下，大脑并没有停止活动，与动物麻醉或酣睡时的生物电流情况大相径庭，装死时负鼠大脑的工作效率反而更高。所以，负鼠"骗子"的称号名副其实。

趣味谈鼠

鼠臂虮肝：指或为鼠臂或为虮肝，喻指人世之变化无常。

鼠窜蜂逝：形容纷纷跑散。

鼠腹鸡肠：比喻气量狭小，考虑小事而不顾大体。与"鼠肚鸡肠"意同。

鼠腹蜗肠：鼹鼠的肚子，蜗牛的肠子。比喻所求有限或气量狭小。

鼠迹狐踪：比喻人行踪诡秘。

鼠目麞头：麞，同"獐"。脑袋像獐子又小又尖，眼睛像老鼠又小又圆。形容人相貌丑陋，神情狡猾。也作"獐头鼠目"。

鼠啮蠹蚀：指鼠咬虫蛀。与"鼠啮虫穿"意同。

鼠窃狗盗：像老鼠那样少量窃取，像狗那样少量偷盗，意指小偷小摸。也作"鼠窃狗偷"。

鼠雀之牙：指争讼之事。

鼠雀之辈：指卑微鄙陋之徒。

鼠入牛角：比喻势力越来越小。

鼠屎污羹：比喻加进了不好的东

刺绣·鼠臂虮肝

刺绣·过街老鼠

050

刺绣·鼠入牛角

西，从而破坏了原来美好的事物。

鼠首偾事： 鼠首，鼠性多疑，出洞时伸头缩脑，进退不定。比喻人办事没决断，拿不定主意，就像胆小的老鼠，在出洞时头在洞口伸伸缩缩一样。

鼠心狼肺： 形容心肠阴险狠毒。

鼠穴寻羊： 比喻没有功效的做法。

鼠肝虫臂： 比喻人物微贱不足道。也作"虫臂鼠肝"。

胆小如鼠： 胆子小得像老鼠一样。形容胆小怕事。

鼠窜狼奔： 形容狼狈逃跑时的情景。

鼠目寸光： 指目光短浅，没有远见。

狼眼鼠眉： 形容人的相貌凶恶。

趣味谈鼠

鼠凭社贵：老鼠把窝做在土地庙下面，使人不敢去挖掘。比喻坏人仗势欺人。

鼠牙雀角：鼠、雀，比喻强暴者。原意是因为强暴者的欺凌而引起争讼。后比喻打官司的事。

十鼠同穴：比喻集中在一起，便于一网打尽。

穷鼠啮狸：啮，咬；狸，狸猫。无路可逃的老鼠也会咬猫。比喻受人欺压，虽然敌不过，也会拼死抵抗。

雀鼠之争：指强暴侵凌引起的争讼。

首鼠两端：首鼠，鼠性多疑，出洞时一进一退，不能自决；两端，不能决定主意。比喻在两者之间犹豫不决。多形容人遇事见风使舵，模棱两可，不轻易表态。

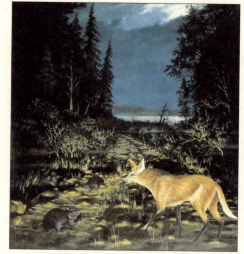

狼眼鼠眉

雀鼠之争

贼眉鼠眼

木版画·猫鼠同眠

投鼠忌器：投，用东西去掷；忌，指有所顾虑。想用东西打老鼠，又怕打坏近处器物。比喻做事有顾忌，不敢放手干。意同"投鼠之忌"。

梧鼠技穷：梧鼠，即"鼯鼠"，为鼫鼠之误。比喻才能有限。

梧鼠五技：梧鼠，即"鼯鼠"，为鼫鼠之误；五技，据说鼫鼠有五种技能。比喻技多不精，于事无益。与"梧鼠之技"意同。

相鼠有皮：相，视。看老鼠尚且还有皮，旧指人须知廉耻，要讲礼仪。

偃鼠饮河：比喻所需有限。

鼹鼠饮河：比喻欲望有限。

鼷鼠饮河：意指无关紧要，所求有限。

猫鼠同眠：猫和老鼠睡在一起。比喻官员糊涂，任凭下属做坏事，或指上下包庇，一起干坏事。也作"猫鼠同处"。

053

趣味谈鼠

两鼠斗穴： 比喻敌对双方在地势险狭之地相遇，只有勇往直前的才能取胜。

狼贪鼠窃： 如狼那样贪狠，像鼠那样惯于偷窃。常形容敌人卑鄙贪狠。

狐凭鼠伏： 像狐狸和老鼠那样潜伏在里面。

掉头鼠窜： 转过头来像老鼠一样逃窜，形容狼狈逃窜。

奉头鼠窜： 奉，捧。抱着头，像老鼠那样惊慌逃跑。形容受到打击后狼狈逃跑。

雀目鼠步： 指像麻雀的目光、老鼠的步伐。

蝇营鼠窥： 像蝇一样营营往来，像鼠一样四下窥伺。比喻到处钻营，贪婪无耻。

城狐社鼠： 社，土地庙。城墙上的狐狸，社庙里的老鼠。比喻依仗权

掉头鼠窜

势作恶，一时难以驱除的小人。也作"社鼠城狐"。

鸱鸦嗜鼠： 比喻嗜好各不相同。

官仓老鼠： 官仓，放公粮的地方。比喻有所依恃的坏人、恶人。

过街老鼠： 比喻人人痛恨的坏人。

两鼠斗穴

稷蜂社鼠：指谷神庙里的马蜂，
　　　　　土地庙里的老鼠。
　　　　　比喻倚势作恶之人。

奸同鬼蜮，行若狐鼠：奸诈像
　　　　　鬼蜮，狡猾像狐鼠。
　　　　　比喻人恶劣至极点。

掘室求鼠：挖坏房子捉老鼠，
　　　　　喻因小失大。

贼眉鼠眼：多指人神情鬼鬼祟
　　　　　祟。

以狸饵鼠：狸，猫；饵，诱。用

猫作诱饵捉老鼠。
比喻事情不能成功。
意同"以狸至鼠"、
"以狸致鼠"。

罗雀掘鼠：指张网捉麻雀、挖
　　　　　洞捉老鼠来充饥的
　　　　　窘困情况，后比喻
　　　　　想尽办法筹措财物。

孤豚腐鼠：比喻无足轻重。

目光如鼠：形容人眼神奸滑。

趣味谈鼠

与鼠有关的谚语

鸟鼠食油眼前光。
老鼠窖里倒拔蛇。
多鸣之猫，捕鼠必少。
猫鼠不同眠，虎鹿不同行。
一粒老鼠屎，坏了一锅汤。
苍蝇找烘缸，老鼠找米仓。

刺绣·老鼠找米仓

木版画·老鼠娶亲

是个猫儿能逼鼠，是个男人能作主。

船沉鼠先逃。（指那些一遇到危险就争先寻求安全或一看见困难便躲得老远的人）

与鼠有关的灯谜

形状像耗子，生活像猴子，爬在树枝上，忙着摘果子。（猜一动物）松鼠

它家住在弯弯里，前门后门都不关，狮子豺狼都不怕，只怕"小虎"下了山。（猜一动物）老鼠

猫对老鼠说了句话。（猜一歌名）你知道我在等你吗

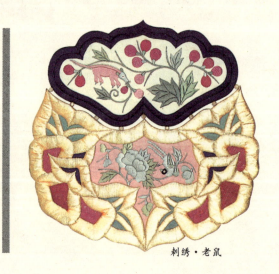

刺绣·老鼠

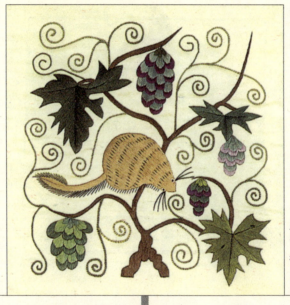

刺绣·松鼠葡萄

一物生来真奇怪，肚皮下面长口袋，孩子袋里吃和睡，跑得不快跳得快。（猜一动物）袋鼠

两撇小胡子，油嘴小牙齿，贼头又贼脑，喜欢偷油吃。（猜一动物）老鼠

面孔像猫，起飞像鸟，天天上夜班，捉鼠本领高。（猜一动物）猫头鹰

此物生得怪，肚下长口袋，宝宝袋中养，跳起来可真快。（猜一动物）袋鼠

嘴尖尖，尾巴长，我到南园去偷粮，家里抛下儿和女，不知回乡不回乡。（猜一动物）老鼠

趣味谈鼠

塞拉利昂（鼠）
发行　1996.1.1
内容　鼠年

与鼠有关的歇后语

鼠舔猫屁　——　找死
猫哭耗子　——　假慈悲
猫戏老鼠　——　哄着玩
鼠摆尾巴　——　小玩意儿
老鼠过街　——　人人喊打
老鼠见猫　——　不敢吱声
老鼠咬猫　——　无法无天
老鼠管仓　——　越管越光
老鼠嫁女　——　小打小闹
猫抓老鼠　——　祖传手艺
白间老鼠　——　嘴尖牙利

老鼠见猫

属老鼠的 —— 能吃不能拿
汤泼老鼠 —— 一个也跑不了
猫捉老鼠 —— 靠自己的本事
鼠狼生耗子 —— 一代不如一代
黄鼠狼吊孝 —— 装蒜
老鼠啃皮球 —— 客气
白鼠拖南瓜 —— 咋办
袋鼠的本事 —— 会跳
老鼠进猫窝 —— 白送礼
老鼠嗑瓜子 —— 张巧嘴
老鼠同猫睡 —— 练胆子
老鼠吃猫饭 —— 偷偷干
老鼠上秤锤 —— 自称自
老鼠扒屎盆 —— 替狗忙
老猫守鼠洞 —— 蹲着瞧
烧屋赶老鼠 —— 不上算
老鼠进书房 —— 咬文嚼字
老鼠爬横竿 —— 爱走极端
出洞的老鼠 —— 东张西望
狮子捉老鼠 —— 大材小用
老鼠找大枪 —— 窝里逞能
老鼠钻油壶 —— 有进无出
黄鼠狼看鸡 —— 不怀好意
白鼠走亲戚 —— 土来土去
娄阿鼠走路 —— 贼头贼脑
黑天捉老鼠 —— 找不着窟窿

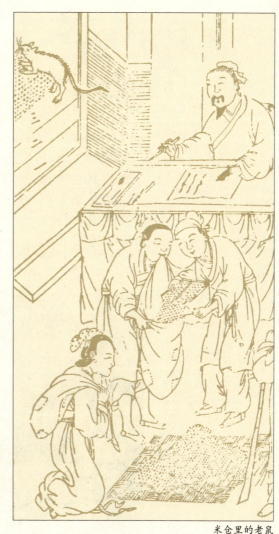

米仓里的老鼠

趣味谈鼠

黄鼠狼偷鸡 —— 专干这行的

老鼠拖木锨 —— 大头在后头

开水泼老鼠 —— 不死也要脱层皮

黄鼠狼下崽 —— 一窝不如一窝

黄鼠狼觅食 —— 见机(鸡)行事

老鼠碰见猫 —— 不敢想(响)

老鼠偷秤砣 —— 倒贴(盗铁)

老鼠爬香炉 —— 碰了一鼻子灰

黄鼠狼的腚 —— 放不出好屁来

黄鼠狼见了鸡 —— 眼馋

黄鼠狼的脊梁 —— 软骨头

猫嘴里的老鼠 —— 跑不了

风箱里的老鼠 —— 尽受气

刺绣·黄鼠狼见了鸡

粮店里的老鼠 —— 有损无益
木夹里的老鼠 —— 两头受挤
老鼠给猫拜年 —— 全体奉送
老鼠掉进醋缸 —— 一身酸气
黄鼠狼拉小鸡 —— 有去无回
黄鼠狼的脾气 —— 偷鸡摸蛋
黄鼠狼钻烟囱 —— 越钻越黑
黄鼠狼钻磨坊 —— 充大耳朵驴
黄鼠狼吃鸡毛 —— 填不饱肚子
米仓里的老鼠 —— 不愁没吃的
黄鼠狼骂狐狸 —— 都不是好东西
黄鼠狼问难卦 —— 凶多吉(鸡)少
被追打的老鼠 —— 见洞就钻

刺绣·黄鼠狼看鸡

趣味谈鼠

老鼠跳到钢琴上 —— 乱弹

骑老鼠耍手艺 —— 木人小马使刀枪

黄鼠狼拜狐狸 —— 一个更比一个坏

娄阿鼠的十五贯 —— 偷来的

老鼠掉进粪坑里 —— 越闹越臭

老鼠给大象指路 —— 越走越窄

黄鼠狼给鸡拜年 —— 没安好心

老鼠替猫刮胡子 —— 拼命地巴结

老鼠骑在猫身上 —— 好大的胆子

老鼠窝里的食物 —— 全是偷来的

古董店里的老鼠 —— 碰不得

阴沟里的老鼠 —— 明的不敢来暗地里来

和尚庙里的老鼠 —— 听的经卷多

猫捉老鼠狗看门 —— 各守本分

红眼老鼠出油盆 —— 吃里扒外

刺绣·老鼠给大象指路

地老鼠跑江南 —— 走路不少，见天不多
鸡给黄鼠狼拜年 —— 自投罗网
黄鼠狼咬病鸭子 —— 浑身打哆嗦
一百只老鼠咬猫 —— 没有一个敢下口
老鼠留不得隔夜粮 —— 好吃
黄鼠狼蹲在鸡窝里 —— 投机(偷鸡)
黄鼠狼单咬病鸭子 —— 倒霉越加倒霉
黄鼠狼和鸡结老表 —— 不是好亲(比喻不怀好意)
黄鼠狼立在鸡棚上 —— 不是你也是你
小老鼠钻进水壶里 —— 光顾了游湖(壶)玩景啦
黄鼠狼嘴下逃出的鸡 —— 好运气
打鼠不着反摔碎罐罐 —— 因小失大
老母鸡跟黄鼠狼结交 —— 没好下场
又属百灵鸟又属袋鼠 —— 会唱会跳
满身沾油的老鼠往火里钻 —— 哪还有它好过的

刺绣·地老鼠跑江南

趣味谈鼠

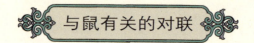

与鼠有关的对联

子孙奋发
丙火辉煌

丙辉瑞应
子庶丰登

子年润泽
丙火兴隆

丙年凤仪
子夜钟鸣

人欢为体健
鼠硕因年丰

子为地支首
鼠乃生肖先

丙辉腾瑞气
子庶乐丰年

子年春到户
鼠岁喜临门

百年推甲子
福地在春申

苍松随岁古
子鼠与年新

刺绣·人欢为体健

春风拂绿柳
灵鼠跳松青

鼠来豕去远
春到景更新

新妆鼠嫁女
美景艳迎春

鼠至调新律
鸡鸣早报春

鹊语红梅放
鼠年喜气浓

甲第连云欣发展
子年遍地祝丰收

万千气象开新景
一代风流壮鼠年

消除鼠害人人事
造福家邦岁岁昌

才见肥猪财拱户
又迎金鼠福临门

刺绣·花香鸟语山村好

刺绣·鸡鸣早报春

子时一到开新律
鼠岁三春报好音

火树银花迎玉鼠
山珍海味列金盘

甲子迎春多瑞霭
文明建国遍春风

子来亥去年更岁
斗换星移日转轮

丙夜未眠思国计
子时早起讶春光

丙年有庆猪辞岁
子夜无声鼠报春

子岁人奔新富路
甲年众改旧乾坤

丙辉耀福腾淑气
子舍承欢聚太和

吉祥鼠报丰收岁
科技花开富裕家

趣味谈鼠

嫁女画图呈喜庆
迎春燕子舞祥和

龙国群英兴伟业
鼠须彩笔绘蓝图

年画喜人鼠嫁女
红梅傲雪鹊鸣春

麟角凤毛增国誉
鼠须妙笔点春光

壬遇深恩心谢党
子图大业力描春

鼠怀不可告人事
年到非常吉庆时

肃贪惩治官仓鼠
正本当纠裙带风

鼠女出嫁千里外
钟声敲响两年间

鼠无大小名称老
年接尾头岁更新

刺绣·羊毫触墨舞龙蛇

丙丁烈焰开新宇
子丑银花兆丰年

老鼠娶亲鸣鼓乐
羊毫蘸墨写春联

花香鸟语山村好
雨顺风调鼠岁丰

丙子迎春期两制
陆台携手庆三通

老鼠娶亲成故事
雄鸡迎日报新春

鼠颖描春成画稿
羊毫触墨舞龙蛇

灵鼠跳枝月影晃
春牛耕地谷香飘

亥岁祝福歌九曲
子年尽兴饮三杯

三春花雨润甲岁
十亿神州庆子年

刺绣·鹊喳梅放春迎户

鹊喳梅放春迎户
鼠报年来福满门

跳舞唱歌庆子岁
题诗作对颂甲年

东风扑面经新雨
江水回头恋子年

岁月峥嵘逢子鼠
江山锦绣倾甲年

鸠妇雨添正月翠
鼠姑风裹一庭香

春光曙色兆甲岁
松韵清流庆子年

趣味谈鼠

木版画·老鼠嫁女

江山锦绣乐与赤子同存心服务人民

歲月嶙嶸應知花甲易屈指珍惜少壯

银花万簇迎金鼠
火树千株展玉龙

绿酒添香甲子岁
雪花献瑞大丰年

灵鼠迎春春色好
金鸡报晓晓光新

春鼓频敲鼠嫁女
秧歌竞扭喜盈门

春风又绿江南岸
好雨复滋甲子年

九州浪潮逐鼠去
万里东风吹富来

窗花巧剪吉祥鼠
科技尊称致富神

务本神农播百谷
刺贪硕鼠吟三章

甲乙科名佳话在
子孙孝友古风存

一纪开端共迎金鼠
三春肇始同举玉杯

雪花献瑞，五龙鳞甲飞大地
绿酒添欢，家人父子庆丰年

海宇尘嚣，坚甲牧马立国之道
人寰春暖，孺子为牛尽我所能

岁月峥嵘，应知花甲易屈指，珍惜少壮
江山锦绣，乐与赤子同存心，服务人民

刺绣·鼠女出嫁

刺绣·灵鼠迎春

文学作品中的鼠

新年快乐（鼠年）
发行　1995.3.2
内容　10CH　鼠

寓言故事中的鼠

老鼠和公牛

一头公牛被老鼠咬了一口，非常疼痛，于是他一心想抓住老鼠，老鼠却早就安全逃回鼠洞中了。公牛便用角去撞那堵墙，弄得精疲力竭，便躺在鼠洞边睡着了。老鼠偷偷爬出洞口看了看，轻轻地爬到公牛的肋部，又咬了公牛一口，迅速逃回洞里。公牛醒来后，无计可施，烦躁不安。老鼠却对着洞外说："大人物不一定都能胜利。有些时候，微小低贱的东西更厉害些。"

木版画·老鼠和公牛

黄鼠狼与爱神

　　黄鼠狼爱上一个漂亮的青年，于是请求爱神将自己变为女人。爱神同情她的热情，就将她变成一个美丽多姿的少女。于是，那青年一见就爱上了她，带着她回自己家里去了。当他们喜气洋洋地走进洞房时，爱神想要知道，黄鼠狼改变外形后，习性会不会改变，因此他把一只老鼠放进洞房里。那少女忘记了自己的身份，立刻跳下床，去追老鼠，想要吃掉它。爱神见此十分气愤，又将黄鼠狼变回原来的模样。这个故事告诉我们，本性恶劣的人，即使外形改变了，也难改本性。

刺绣·黄鼠狼与爱神

鼹　鼠

　　传说鼹鼠眼睛是瞎的，可小鼹鼠却对妈妈说他能看得见。妈妈想试验他一下，便拿来一小块香喷喷的食物，放在他面前，并问他是什么。他说是一块小石头。妈妈说：

文学作品中的鼠

"啊，不幸的孩子，你不但眼睛看不见，连鼻子也没用了。"这故事是说，那些爱吹牛说大话的人，常常夸海口能做大事，却在一些微不足道的事情上暴露了本质。

老鼠与青蛙

　　老鼠不幸被青蛙所爱。青蛙愚蠢地把老鼠的脚绑在自己的脚上。开始，他们在地面上行走，一切正常，还可以吃到谷子。当他们来到池塘边时，青蛙跳到水中，把老鼠也带到了水里。他自己在水里嬉戏玩耍，高兴得呱呱叫，可怜的老鼠却被淹死了。不久，老鼠浮出水面，但他的脚仍和青蛙的脚绑在一起。鹞子飞过这里，看见了老鼠，便冲向水中，把他抓了起来，青蛙跟着也被提出了水面，成了鹞子的美食。这个故事告诉我们，与别人关系太亲密，在灾难降临时，往往会受到牵连。

刺绣·老鼠与青蛙

黄鼠狼与锉刀

　　黄鼠狼钻进一家铁匠的作坊，看见一把锋利的锉刀放在那里，他就去舔它。结果舌头被刮破，鲜血直流。但他还以为舔下了一些铁，非常兴奋，就继续舔，终于把舌头全部舔掉了。这个故事是说，那些好斗的人最终害了自己。

蝙蝠与黄鼠狼

　　蝙蝠掉在地上，被黄鼠狼叼去，他请求饶命。黄鼠狼说绝不会放过他，因为他生来就痛恨鸟类。蝙蝠说他不是鸟，是老鼠，便被放了。后来蝙蝠又掉了下来，被另一只黄鼠狼叼住，他再三请求不要吃他。这只黄鼠狼说他恨一切鼠类。蝙蝠就改口说自己并非老鼠，是鸟类，又被放了。这样，蝙蝠两次改变自己的名字，终于死里逃生。我们在遇到紧急情况时，也要随机应变才能避免危险。

刺绣·黄鼠狼与锉刀

刺绣·蝙蝠与黄鼠狼

文学作品中的鼠

狮子和老鼠

　　酷热的天气使狮子疲惫不堪，他躺在洞中酣睡。一只老鼠从他的鬃毛和耳朵上跑过，将他从梦中吵醒。狮子大怒，爬起来摇摆着身子，四处寻找老鼠。狐狸见到后说："你是一只威严的狮子，也被老鼠吓怕了？"狮子说："我并不怕老鼠，只是恨他的放肆和无礼。"这是说，有时候一点点小小的自由都是很大的冒犯。

老鼠与黄鼠狼

　　老鼠与黄鼠狼开战。老鼠每次总被打败，他们聚在一起商议，认为是没有将帅指挥造成屡次失败，于是他们举手表决选举了几只老鼠做将帅。这些将帅想使自己显得与众不同，就做些角绑在头上。战事又起，但老鼠再次被打败。其他老鼠很容易地逃进洞里，而那些将帅因头上有角钻不进去，全被黄鼠狼捉住吃掉了。这个故事告诉我们，对许多人来说，虚荣是不幸的根源。

刺绣·狮子和老鼠

家鼠与田鼠

刺绣·家鼠与田鼠

　　田鼠与家鼠是好朋友，家鼠应田鼠之约，去乡下赴宴。他一边吃着大麦与谷子，一边对田鼠说："朋友，你知道吗，你这是过着蚂蚁一般的生活。我那里有很多好东西，和我一起去享受吧！"田鼠便跟着家鼠来到城里。家鼠给田鼠看豆子和谷子，还有干酪、红枣、果子、蜂蜜。田鼠看得目瞪口呆，十分惊讶，称赞不已，并悲叹自己的命运。他们正要开始吃，有人打开了门，胆小的家鼠一听声响，害怕得赶紧钻进鼠洞。当家鼠再想拿干酪时，有人又进屋里拿什么东西。他一见有人，立刻又钻回洞里。这时，田鼠也顾不上饥饿了，战战惊惊地对家鼠说："朋友，再见吧！你自己尽情地去吃吧，担惊受怕地享受这些好吃的东西吧。我还是去啃大麦和谷子更好一些，平平安安地去过你看不起的普通生活。"这故事说明，人们宁愿过简单平稳的生活，而不愿享受充满恐怖的欢乐生活。

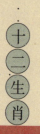

文学作品中的鼠

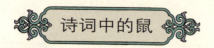

诗词中的鼠

硕 鼠

《诗经》

硕鼠硕鼠，无食我黍！三岁贯女，莫我肯顾。
逝将去女，适彼乐土。乐土乐土，爰得我所？
硕鼠硕鼠，无食我麦！三岁贯女，莫我肯德。
逝将去女，适彼乐国。乐国乐国，爰得我直？
硕鼠硕鼠，无食我苗！三岁贯女，莫我肯劳。
逝将去女，适彼乐郊。乐郊乐郊，谁之永号？

相 鼠

《诗经》

相鼠有皮，人而无仪！　人而无仪，不死何为？
相鼠有齿，人而无止！　人而无止，不死何俟？
相鼠有体，人而无礼！　人而无礼，胡不遄死？

相鼠

文学作品中的鼠

官仓鼠

唐·曹邺

官仓老鼠大如斗，
见人开仓亦不走。
健儿无粮百姓饥，
谁遣朝朝入君口？

清平乐·独宿博山王氏庵

宋·辛弃疾

绕床饥鼠，蝙蝠翻灯舞。
屋上松风吹急雨，破纸窗间
自语。平生塞北江南，归来华
发苍颜。布被秋有梦觉，眼前
万里江山。

时 尚

《都门竹枝词》
鼠尾钉头力不坚，
竖粗横细四方肩。
逢人便说欧公体，
糟蹋欧公太可怜。

周文王发粟图

080

赵将军歌

唐·岑参

九月天山风似刀，城南猎马缩寒毛。
将军纵博场场胜，赌得单于貂鼠袍。
新换皮袍鼠色灰，珠羔马褂称身裁。
尤家园里同游玩，十月先开岭上梅。

九华杂咏

清·李申耆

置身鲸背虎牙端，
侧足羊肠鼠穴间。
亏煞世情经历久，
了无恐怖动心颜。

鼠死行

清·师道南

东死鼠，西死鼠，人见死鼠如见虎。鼠死不几日，人死如坼堵。
昼死人，莫问数，日色惨淡愁云护。三人行，未十步，忽死两人横
截路。夜死人，不敢哭，疫鬼吐气灯摇绿。须臾风起灯忽无，人鬼
尸棺暗同屋。乌啼不断，犬泣时闻。人含鬼色，鬼夺人神。白日逢
人多是鬼，黄昏遇鬼反疑人。人死满地人烟倒，人骨渐被风吹老。田
禾无人收，官租向谁考。我欲骑天龙，上天府，呼天公，乞天母，洒
天浆，散天乳，酥透九原千丈土，地下人人都活归，黄泉化作回春雨。

文学作品中的鼠

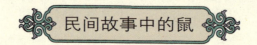
民间故事中的鼠

虞氏者，梁富人也，登高楼，临大路，设乐陈酒，击博其上；而游侠相随行楼下。博者射中而笑，鸢坠腐鼠而中游侠。游侠相与语曰：虞氏富久矣，常有轻人之志，乃辱我以腐鼠，请灭其家。夜乃攻于虞氏，大灭之。

——《列子》

博者射鹰

有占者柳林祖善卜筮。其妻曾病鼠瘘，积年不差。渐困垂命。林祖遂占之，得"颐"之"复"。按卦曰："应得姓石者治之，当获灸鼠而愈也。"既而乡里有一贱家，果姓石。自言能除此病。遂灸病者头上三处。觉佳。俄有一鼠，色黄秀，径前。嗛嗛然伏而不动。呼犬噬杀之。视鼠头上，有三灸处。病者自差。

——《太平广记·洞林》

呼犬噬鼠

文学作品中的鼠

李客者，不言其名，常披蓑戴笠，系一布囊，在城中卖杀鼠药，以一木鼠记。或有人买药，即曰："此不惟杀鼠，兼能疗人众病。但将伴餐之，即愈。"人恶其鼠药，少有服饵者。有百姓张赞，卖书为业。父年七十余，久患风疾。一日因鼠啮其文字数卷，赞甚怒，买药将以饲鼠。赞未寝，灯下见大鼠数头出，争食之，赞言必中其毒。倏忽俄见皆有羽翼，望门飞出。赞深异之。因就李客语之。客曰："应不是鼠，汝勿诞言。"赞更求药，言已尽矣。从此遁去。其父取鼠残食之，顿觉四体能屈伸，下床履步如旧日。

——《太平广记·野人闲话》

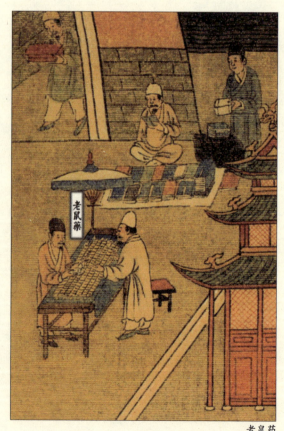

老鼠药

084

请鼠入户

吴北寺终祚道人卧斋中。鼠从坎出，言终祚数日必当死。终祚呼奴：今买犬。鼠云：亦不畏此也，但令犬入此户，必死。须臾犬至，果然。终祚乃下声语其奴，明市雇十车水来。鼠已逆知之，云止欲水浇取我，我穴周流，无所不至。竟日灌浇，了无所获。密令奴更借三十余人。鼠云：吾上屋居，奈何？至时处在屋上，奴名周。鼠云阿周资二十万叛。后试开库，实如所言，奴亦叛去。终祚当作商贾。闭其户而谓鼠曰：汝欲使我富耳？今还行，勤守吾房中，勿令有所零失也。时桓玄在南州，禁杀牛甚急，终祚载数万钱，窃买牛皮，还东货之，得二十万。还室犹闭，一无所失，怪亦绝，遂大富。

——《幽明录》

085

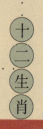
艺术作品中的鼠

中国农历十二生肖（鼠）
发行　1998.1
内容　鼠年

玉器文物中的鼠

鼠首虫形玉，色青灰偏深，最长处 8.1cm、最宽处 3.7cm、厚 1.7cm，重 65g，红山文化器物典型形制的一种。这件玉器是鼠、虫合体的象形物，呈扁圆立体形，分为两部分，鼠首和昆虫身躯。其中，鼠首呈象形的獐，嘴部尖，以此强调强大的

鼠首虫形玉

啮齿能力，鼻子却被省略了，这与老鼠听觉、视觉的发达有关，应该是造型时特意夸张的部分。鼠眼以红山文化常规的大乳突纹绘出，耳朵则夸大成一对耸立的大圆耳。（昆虫身躯部分略）

这件红山文化玉器，构思巧妙，以写实、夸张、简约、概括等手法，将鼠和昆虫两种生物的不同部位合为一体，把我们祖先对生活的想像与期盼糅合到了一起，整个器物造型，也因此传递出五千多年前的生活信息。

砖雕·老鼠偷葡萄

十二生肖

艺术作品中的鼠

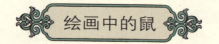

绘画中的鼠

画鼠高手明宣宗朱瞻基

画史上出现的第一位画鼠高手是明太祖朱元璋的曾孙朱瞻基，他喜爱绘画，尤爱画鼠，其作品《苦瓜鼠图》开鼠画的先河，与《鼠石荔图》和《鼠荔图》一起被认为是鼠画中之珍品。明宣宗喜爱画鼠，据说与其多年未有子女有关。鼠与瓜在民间象征多子与财富，故二者在画作中也常出现。

明·苦瓜鼠图

明·鼠荔图

齐白石与鼠画

　　白石老人曾于20世纪30年代作过一幅《鼠子啃书图》。画面上有一盏油灯，火焰细微，两只老鼠在旁啃咬一叠线装古籍，还有一只老鼠正奔书而来，形神俱佳。白石老人自视为得意之作，恰有同乡见到此画，也极为欣赏，便悄悄"袖"走，白石老人又重作一幅，并题字数行："一日画鼠子啃书图，为同乡人背余袖去。余自颇喜之，遂取纸追摹二幅，此第二幅也。时居故都西城太平桥外，白石山翁齐璜并记。"

艺术作品中的鼠

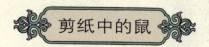
剪纸中的鼠

剪纸·鼠

剪纸·鼠

剪纸是中国传统民间艺术，风格独特，历史悠久，深受世界各国人们喜爱。民间剪纸的图案，都是采用中国民俗中的吉祥图案，具有吉祥或驱邪等功能，以鼠为题材的剪纸作品不胜枚举。

剪纸·鼠

剪纸·鼠

陕西杨烈秀所作民间剪纸作品《老鼠闹云子》，极富诗意。一群老鼠登上云朵，在翻滚的云涡中悄悄寻觅。不曾有飞机的时代，老鼠能上天，这和民间流传的鼠咬天开的故事有关系。传说，天地还是一片混沌的时候，是鼠咬破混沌才有了后来的世界。

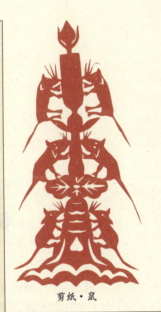

剪纸·鼠

剪纸·鼠

鼠

邮票中的鼠

世界第一枚鼠邮票由"邮票之国"列支敦士登于1947年10月15日发行，主图为阿尔卑斯山的土拨鼠（又名旱獭）。

1984年是农历甲子年，1月5日，我国发行了第一枚鼠年邮票，一套1枚，面值8分，印量2187.68万枚，影雕套印，邮票规格为26mm×31mm，

中国甲子鼠年生肖邮票
发行　1984.1.5
内容　甲子鼠

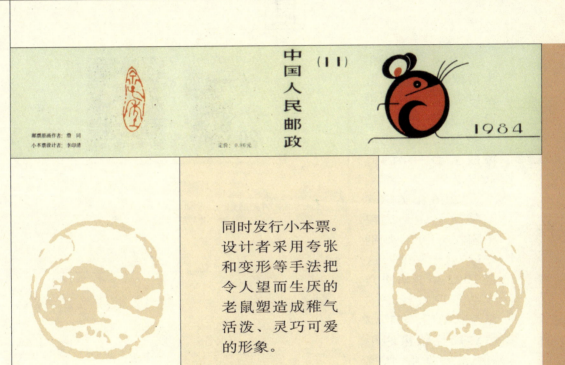

中国人民邮政 (11) 1984

邮票原画作者：鲁同
小本票设计者：李印清

定价：0.96元

同时发行小本票。设计者采用夸张和变形等手法把令人望而生厌的老鼠塑造成稚气活泼、灵巧可爱的形象。

艺术作品中的鼠

1996 年丙子年生肖鼠邮票名叫"万家灯火"，由吕胜中设计，邮面上一只站立老鼠端灯台的形象成了那一年的万众宠爱。

1996 年美国联邦邮政总局为庆祝中国农历鼠年，特别发行"鼠年邮票"。这是 1992 年美华协会成功争取发行中国新年邮票后，联邦邮政总局连续第四年发行生肖邮票，庆祝中国新年。这张鼠年邮票面值32美分，底为天蓝色，中间是金黄色的老鼠图案，右上角有英文"新年快乐"字样，邮面左边设计了草体书写的"鼠年"两个汉字，非常醒目。

1996-1 丙子年（T）
发行 1996.1.5
内容 万家灯火 光明前景
　　　鼠咬天开 普天同庆

新年快乐（鼠年）
发行 1996.2.8
内容 剪纸鼠和草书"鼠年"

古巴也于 1996 年
中国鼠年发行了一枚
《鼠年》邮票，时间在
鼠年将尽的 12 月 28
日，邮票是等腰直角
三角形形状，主图为
花鼠与"丙子"篆印。

古巴生肖鼠
发行　1996.12.28
内容　古巴在世界上首次发行异形生肖鼠邮票

图书在版编目(CIP)数据

十二生肖·鼠/萧尘编著.—郑州: 大象出版社,2008.1
ISBN 978-7-5347-4885-1

Ⅰ.十… Ⅱ.萧… Ⅲ.十二生肖－通俗读物 Ⅳ.
K892.21-49

中国版本图书馆 CIP 数据核字（2007）第 176542 号

责任编辑 李光洁
责任校对 石更新
整体设计 阿　然

出　　版　大象出版社
　　　　　（郑州市经七路 25 号　邮政编码 450002）
印　　刷　郑州新海岸电脑彩色制印有限公司
开　　本　787 × 1092　1/16
印　　张　6
版　　次　2008 年 1 月第 1 版
印　　次　2008 年 1 月第 1 次印刷
定　　价　58.00 元